LOUVRE-ALBUM

LE
LOUVRE

GRAND HÔTEL
ET
GRANDS MAGASINS

TEXTE PAR ALFRED D'AUNAY

DESSINS DE GUSTAVE JANET, PAUQUET, ED. MORIN, H. DE MONTAUT, VIERGE, FICHOT, THIRION, FÉRAT, DE LA CHARLERIE, ETC., ETC.

GRAVURES DE MAURAND, PANNEMAKER, DUTHEIL, HILDIBRAND, HUYOT, ANSSEAU, DAUBRON, COLLINGRIDGE, PARIS

PARIS
TYPOGRAPHIE FIRMIN-DIDOT ET CIE
56, RUE JACOB, 56

GRANDS MAGASINS DU LOUVRE

Superficie nouvelle : trente et un mille six cent mètres carrés. — Longueur totale des galeries : TROIS KILOMÈTRES SEPT CENT SOIXANTE MÈTRES (presque une lieue). — 37 GALERIES. — 365 SALONS DE VENTE.

AVANT-PROPOS

E LOUVRE !... Il semble que l'âme de Paris soit tout entière contenue dans ce nom. Dès que notre histoire se dégage des ténèbres de l'âge de fer, dès que l'antique Lutèce commence à prendre dans le monde son rang de capitale, le Louvre est l'orgueil de la Cité. Bientôt le vieux donjon royal s'écroule et Pierre Lescot et Jean Goujon créent, sur ses ruines, une merveille qui, embellie pendant quatre siècles par toutes les intelligences dont Paris est l'asile, devient le palais géant où toutes les manifestations du génie, où toutes les expressions de l'art succèdent peu à peu à toutes les puissances héréditaires et féodales. Au fur et à mesure que le droit nouveau se fonde, le Louvre s'affranchit de son passé de forteresse et voit grandir son illustration. Des siècles disparus il ne garde que ce qui est respectable et glorieux.

Cet édifice superbe, dont tant de chroniques ont conté les légendes, et dont l'histoire a dû si longuement parler, étouffait sous l'amas de vieilles maisons qui se pressaient autour de ses murailles, de ses portiques et de ses colonnades. Notre époque a vu tomber comme des châteaux de cartes les masures de l'inextricable réseau de ruelles qui formaient ce qu'on appelait, par une antithèse choquante, le quartier du Louvre ! Il fallait que notre siècle eût assisté à l'éclatant triomphe de l'esprit d'entreprise, pour qu'on osât raser ainsi presque une ville, et des plus populeuses, coupable d'être sombre et de ramper auprès d'un palais avide d'air pur et de soleil.

Quand on eut abattu le vieux quartier, on vit émerger de cet océan de décombres un nouvel édifice presque aussi vaste que son célèbre voisin. C'était aussi un palais, avec son perron magnifique, ses galeries superbes et ses voûtes resplendissantes de sculptures, de peintures et d'or. Ses créateurs, les financiers de génie à qui Paris doit une si belle part de sa régénération, MM. Pereire, donnaient à ce palais le nom magique de l'œuvre de Lescot et de Perrault. Ce n'est pas le Louvre-Musée, mais le Louvre-Hôtel, le Louvre-Magasins. Aux reliques de l'art ancien, il opposait les créations de l'art moderne. Aux pèlerins fatigués du voyage et des éblouissements de la cité-reine, il offrait le confortable qui repose. Et, dans sa vaste enceinte, on admirait, dès le premier jour, les innombrables merveilles de cette forme nouvelle, dont le génie humain a revêtu de notre temps ses créations les plus fécondes, — l'Industrie!

Plus de vingt ans se sont écoulés depuis cet enfantement, et, progressant toujours, selon la loi de l'époque, le Louvre Nouveau a trouvé moyen de grandir entre ses quatre murailles immuables. Aujourd'hui ce n'est plus un hôtel et un magasin, c'est quelque chose d'immense et d'innomé qui participe du caravansérail et du dock, qui en reproduit l'animation curieuse et l'activité commerciale, au milieu des splendeurs chatoyantes d'un palais de féerie!

COUP D'ŒIL GÉNÉRAL

'immeuble du Grand Hôtel et des Grands Magasins du Louvre est un des plus vastes de Paris. Il est isolé sur ses quatre faces par la place du Palais-Royal, la rue de Rivoli, la rue de Marengo et la rue Saint-Honoré. Il a l'architecture réglementaire des maisons à arcades uniformes de la rue de Rivoli, cette longue série de portiques sous lesquels défilent chaque jour tous les étrangers qui viennent visiter Paris. Les lignes en sont sévères et simples, et aussi bien sous un rayon de soleil qu'à la clarté du gaz, ces façades ont un aspect monumental. L'immense parallélogramme occupé par les Grands Magasins et le Grand Hôtel du Louvre n'a donc, au dehors, que sa part de la majesté de cette ordonnance. C'est une masse superbe, un groupe énorme de maisons opulentes; mais, lorsqu'on en a franchi la porte, c'est un palais.

En effet, dès qu'on a traversé le péristyle qui, de la rue de Rivoli, donne accès à la cour d'honneur de l'Hôtel, on est émerveillé. Aux splendeurs un peu solennelles du dehors succèdent, sans transition, les éblouissements de la féerie. Cette cour immense et son dôme de cristal! Cet escalier magnifique, conduisant à des salons étincelants d'or et de lumière! Ces arcades fermées de glaces géantes à travers lesquelles vous apercevez les galeries peuplées de tous les trésors de l'Industrie, de toutes les créations de la Mode! Ces palmiers toujours verts qui vous invitent à vous reposer sous leur ombrage! Toutes les élégances réunies à toutes les grandeurs! Voilà bien un palais enchanté dont les réalités dépassent tous les rêves.

Mais, pour le moment, quittons cette cour du Grand Hôtel du Louvre dont la gravure a reproduit tant de fois l'aspect merveilleux. C'est de l'ensemble et des grandes divisions de l'édifice que nous devons d'abord parler.

Deux vastes Halls, situés l'un près de la place du Palais-Royal, l'autre près de la rue de Marengo, et entourés de trois étages de salons et de galeries, forment les deux parties principales des Grands Magasins du Louvre. Elles sont reliées entre elles par deux galeries, chacune aussi à trois étages, qui suivent, en allant d'un Hall à l'autre, les façades des rues Saint-Honoré et de Rivoli. Au centre est l'Hôtel, qui s'étend au-dessus de tous les magasins. Voilà les dispositions générales.

Quatre grandes entrées, par lesquelles nous allons successivement pénétrer, permettent de se rendre promptement, sans circuits inutiles et sans erreurs fatigantes, dans toutes les parties de l'édifice commercial.

Prenons d'abord la porte du Palais-Royal. Sous les arcades de la place, deux larges et hautes baies cintrées s'ouvrent au milieu d'un décor polychrôme fait de marbres et d'onyx. Dans le tympan qui sépare les deux cintres se trouve un médaillon de marbre noir représentant un L au pied duquel est couché un lion, marque commerciale de la Maison. Ce double portique donne accès au Hall dit du Palais-Royal.

Dès l'entrée, on jouit d'un coup d'œil magique. Ce qui frappe d'abord, c'est le lointain. A une distance de 100 mètres, derrière de hautes arcades, on aperçoit le magnifique perron de pierre, à double évolution, qui conduit au premier étage de l'Hôtel du Louvre. On voit dans son entier cet escalier d'honneur et sa riche parure de palmiers, à travers la muraille de glaces qui forme le fond de la galerie des soieries. Plus en avant, les quatre faces du Hall apparaissent avec leurs belles arcades surmontées d'un balcon. A droite et à gauche, les ascenseurs montent aux salons des manteaux, des robes, des costumes, des vêtements d'enfants, des trousseaux, des layettes, qui occupent une grande partie du premier étage, incomparable galerie dont les travées se comptent par centaines et qui, faisant complètement le tour du vaste édifice, se développe sur une longueur totale de près d'un kilomètre. De larges escaliers entourent ces ascenseurs et forment, à hauteur d'entre-sol, des paliers desservant les salons des modes, les galeries de tapis et étoffes pour ameublement. Une superbe voûte de verre, couvrant tout le Hall, laisse passer la pleine clarté du jour, tout en tamisant les rayons du soleil. Le soir, les lustres innombrables répandent dans le grand vaisseau et les galeries qui l'enveloppent de tous côtés leurs éblouissantes lumières mille fois répétées par les glaces. C'est un décor magnifique, avec des transparences, des reflets et des profondeurs infinies.

La galerie des soieries, éclairée par les immenses glaces sans tain qui la séparent de la cour d'honneur de l'Hôtel, forme le fond du Hall et s'étend, sur deux étages de hauteur, de la rue de Rivoli à la rue Saint-Honoré. A ses deux extrémités commencent les galeries suivant les deux rues et qui mettent en communication cette partie des magasins avec la région de la rue Marengo. A gauche, la galerie Saint-Honoré dessert les rayons de lingerie fine, de passementerie, de mercerie, de rubans, d'articles de Paris et des rideaux de guipure et de mousseline. A droite, la galerie de Rivoli descend sous terre, passe en tunnel sous le péristyle de l'hôtel et remonte vers les rayons du blanc, qui conduisent au Hall Marengo.

Pénétrons maintenant dans les Grands Magasins du Louvre par la porte qui se

LE SALON DE LECTURE DES GRANDS MAGASINS DU LOUVRE

trouve à l'angle des rues Saint-Honoré et de Marengo. C'est la première entrée de la maison, et elle en fut longtemps l'entrée unique, alors que les magasins ne s'étendaient que sur une partie des façades de ce vaste immeuble. Une large marquise vitrée protège cette porte et permet d'y descendre de voiture à couvert. Un vestibule spacieux et élevé conduit dans le Hall Marengo, qui est plus grand encore que celui du Palais-Royal.

Au centre de ce magnifique vaisseau sont les rayons de tissus de laine. Les deux galeries de Rivoli et Saint-Honoré enveloppent le Hall de deux côtés. Une galerie semblable, suivant la rue de Marengo, réunit les extrémités des deux précédentes. Une quatrième galerie complète le tour du Hall.

Cette disposition est répétée exactement à l'entre-sol. De distance en distance, toutefois, pour ménager des perspectives, on a supprimé les planchers de cet étage, dont les diverses parties communiquent alors entre elles par des ponts qui allient l'élégance à la légèreté. A l'entre-sol se trouvent les rayons de draperie et de chemises d'hommes, ainsi que le service des envois en province et à l'étranger.

Le premier étage forme balcon autour du Hall Marengo. C'est là que se trouvent les tapis et les étoffes pour ameublement, les vêtements d'enfants, les dentelles, la lingerie, les modes et les coiffures. Ces rayons communiquent de plain-pied avec ceux qui entourent le Hall du Palais-Royal, par les larges et spacieuses galeries qui longent les rues de Rivoli et Saint-Honoré.

La décoration du Hall Marengo est du même style que celle du Hall du Palais-Royal. Il est aussi brillamment éclairé de jour, et les foyers électriques y répandent la nuit les flots d'une vive lumière. Notons en passant, que les Grands Magasins du Louvre ont les premiers adopté ce système d'éclairage, alors dans sa période d'essai. Dans le Hall Marengo, on n'a pas la belle perspective de la cour d'honneur, mais on voit un escalier d'un magnifique effet. Il dessert l'entre-sol et le premier étage, formant à chaque montée un double encorbellement plein de hardiesse et de grâce. Et, au point où l'escalier atteint le balcon, des portiques laissent voir, de toutes les parties du Hall, le splendide aménagement de la Salle de lecture et les heureuses dispositions du Buffet.

En partant du Hall Marengo, à droite, par la galerie Saint-Honoré, on va rejoindre le Hall du Palais-Royal. A gauche, on retrouve la galerie de Rivoli, qui, se continuant par le tunnel, conduit au même Hall. On peut donc, en entrant par une porte quelconque, faire le tour des Magasins.

La troisième porte se trouve rue de Rivoli. Elle s'ouvre sur un vestibule qui traverse la galerie du blanc, et débouche dans le Hall Marengo au pied du grand escalier dont nous parlions tout à l'heure.

Enfin, la quatrième porte se trouve au milieu de la grande façade de la rue Saint-

Honoré. Devant cette porte s'ouvre une galerie transversale, allant rejoindre la galerie de Rivoli, en passant sous la grande Salle des fêtes de l'Hôtel. Un bel escalier, situé près de la porte Saint-Honoré, conduit au premier étage, en desservant, à l'entre-sol, les magasins de châles et de chaussures.

Ainsi donc, les deux groupes principaux de magasins, de galeries et de salons sont reliés entre eux par deux larges avenues permettant une circulation facile, et ces avenues sont encore reliées l'une à l'autre par une galerie transversale qui abrège les distances entre elles. Telles sont les dispositions prises pour éviter l'encombrement et faciliter aux dames l'accès de tous les rayons, — dispositions heureuses, et qu'il a été prodigieusement difficile d'établir. Tous ces agrandissements et toutes ces améliorations sont, en effet, de création récente, et ils ont été opérés au milieu de la vogue toujours croissante des Magasins et de l'Hôtel, sans qu'on ait pu interrompre, même un seul jour, le mouvement des affaires commerciales, ou le service des voyageurs. Or, dans les Grands Magasins du Louvre, il n'existe plus de morte-saison, et d'un bout de l'année à l'autre l'activité est la même. On le comprendra en parcourant la liste des cinquante-deux départements ou comptoirs spéciaux qui forment les divisions essentielles de cette colossale maison :

Soieries noires. — Soieries de couleur. — Soieries nouveauté. — Velours. — Châles français. — Châles des Indes. — Châles tartans. — Étoffes nouvelles. — Étoffes pour Deuil. — Lainages. — Doublures. — Mérinos. — Dentelles. — Toiles et Mouchoirs. — Rideaux blancs. — Blanc de coton. — Indiennes. — Fourrures. — Étoffes pour ameublement. — Tapis. — Draperies. — Flanelles. — Bonneterie. — Ganterie de peau et de fil. — Cravates et Fichus. — Mercerie. — Passementerie. — Rubans et Fleurs. — Articles de Paris. — Jouets. — Parapluies, Ombrelles. — Chaussures. — Corsets et Tournures. — Parfumerie. — Literie, Couvertures. — Tapisserie. — Manteaux et Confections. — Costumes et Peignoirs. — Vêtements d'enfants. — Modes et Coiffures. — Jupons. — Costumes mi-confectionnés. — Trousseaux et Layettes. — Linge de maison. — Lingerie. — Chemises d'hommes. — Vêtements pour hommes. — Livres d'étrennes.

UN DES ASCENSEURS DES GRANDS MAGASINS DU LOUVRE. — HALL DU PALAIS-ROYAL (CÔTÉ SAINT-HONORÉ).

LA PORTE DE LA PLACE DU PALAIS-ROYAL

oici la superbe porte de marbres et d'onyx qui donne accès au vaste Hall dit du Palais-Royal. Par ses larges baies on aperçoit au fond, au delà de la galerie des soieries et à travers ses transparentes murailles de glaces, la cour d'honneur du Grand Hôtel du Louvre et les magnifiques volées de son incomparable escalier.

Mais ce que la gravure ne peut rendre, c'est la profondeur de cette perspective, dont les plans se succèdent et s'étagent comme les divers châssis d'un riche décor d'apothéose.

Le premier plan, c'est la façade elle-même, dont vous ne voyez que la double porte, et qui s'étend sur toute la largeur de la place du Palais-Royal. Des deux côtés de l'ordonnance de pierres précieuses dont le dessin reproduit fidèlement les lignes architecturales, deux immenses glaces s'étendent sur toute la hauteur du portique et isolent cette entrée en lui donnant un certain air d'arc de triomphe. Ces glaces et les grandes baies qui les suivent, à droite et à gauche, éclairent une large galerie, dans laquelle se trouvent, à droite les fleurs, à gauche les jupes et jupons.

Au delà de cette galerie, on aperçoit les hautes arcades du premier plan du Hall. Elles l'entourent sur les quatre faces, et sont surmontées de riches consoles, supportant le balcon sur lequel s'ouvrent toutes les portes des Salons du premier étage. Splendidement éclairé par une voûte de cristal, le Hall apparaît lumineux au delà. Puis derrière ses arcades, dont les piliers sont enveloppés de rayons contenant les plus belles étoffes, se trouve la Galerie des Soieries, s'étendant de la rue Saint-Honoré à la rue de Rivoli, large, spacieuse, décorée avec le luxe du meilleur goût, et couverte d'une voûte en caissons que soutiennent de hautes colonnettes. Plus loin encore, des glaces immenses, sans tain, véritables chefs-d'œuvre de Saint-Gobain, répandent la lumière dans la Galerie des Soieries et permettent de voir, de la place du Palais-Royal, la grande cour de l'Hôtel du Louvre, avec son mouvement continuel, ses voitures amenant ou emportant sans cesse les voyageurs, les visiteurs, les invités de ses fêtes, — avec les riches dorures de la merveilleuse Galerie de Peinture dont les verrières dominent l'escalier d'honneur, avec les palmiers et autres plantes tropicales qui font à cette grande cour une ceinture de luxuriante végétation!...

Voilà ce qu'on aperçoit par ces deux larges arcades. C'est une perspective merveilleuse, animée par le va-et-vient continuel de toutes les personnes qu'attirent dans les Grands Magasins du Louvre les attractions de tout genre, dont les expositions fréquemment renouvelées et toujours intéressantes sont de véritables événements parisiens.

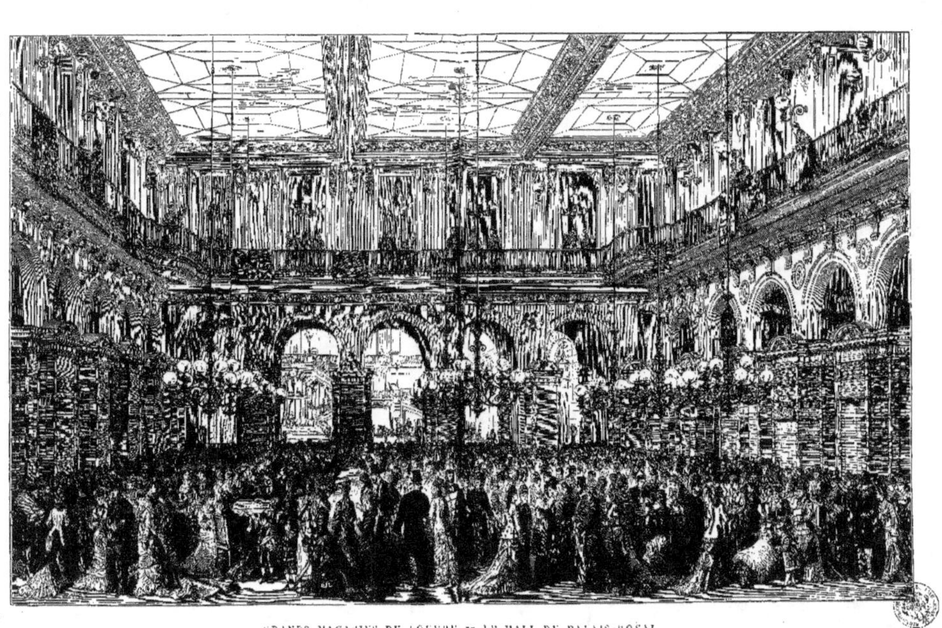

GRANDS MAGASINS DU LOUVRE — LE HALL DU PALAIS-ROYAL

PORTES D'ENTRÉE SOUS LES ARCADES DE LA PLACE DU PALAIS-ROYAL

LE HALL DU PALAIS-ROYAL

ranchissons cette entrée monumentale, et pénétrons dans le Hall du Palais-Royal. Pour donner un nom à cet immense vaisseau, on a dû faire un emprunt à la langue anglaise. On eût pu le comparer à l'*atrium* des palais grecs ou romains; mais on a reculé devant ce terme scientifique. C'est pourtant bien le portique intérieur dans lequel aboutissent tous les dégagements de l'édifice. Sur le balcon qui domine le portique et entoure l'atrium, s'ouvrent bien les salons du gynécée, car on ne saurait mieux comparer qu'à l'appartement des dames grecques ou romaines, ces salons élégants du premier étage où les clientes viennent choisir et essayer les vêtements à leur taille. Mais les plus somptueuses demeures d'Athènes ou de Rome n'étaient que de petites maisons auprès de ce palais commercial. Acceptons donc le mot anglais qui rappelle les colossales dimensions des célèbres nefs de Westminster ou de Guildhall.

D'ailleurs, rien d'archaïque dans l'aspect du Hall du Palais-Royal. Il est du style le plus moderne. Une ornementation de bon goût s'associe aux lignes pures de l'architecture. Le balcon circule, aérien et transparent, sur les quatre faces de cette ordonnance monumentale et lui donne une exquise légèreté. Une splendide voûte de cristal répand dans tout le Hall une vive lumière..... Cela n'est plus grec ni romain, c'est vraiment parisien. Si l'on élevait encore des temples aux déesses, il faudrait adopter ce style pour le sanctuaire de la Mode, qui fut fille de Protée, au dire de Voltaire.

Avant la création du Hall du Palais-Royal, les Grands Magasins du Louvre n'étaient que des magasins. On y venait beaucoup, parce que leurs Directeurs ont toujours su mériter la confiance du public. Mais on s'y pressait dans des galeries trop étroites. L'achat terminé, on fuyait. Aujourd'hui on va au Louvre comme on irait dans un Musée, dans une Exposition. On se plaît dans ces superbes immensités. On y vient par plaisir, pour voir de belles choses, pour admirer les chefs-d'œuvre de nos opulentes fabriques, pour connaître toutes les séduisantes fantaisies, tous les aimables caprices de l'industrie élégante.....

Cette vogue justifiée eut un commencement. Les acheteurs des Grands Magasins du Louvre, parcourant l'Orient en quête de tissus nouveaux, avaient fait le vide dans les bazars de Syrie et d'Anatolie. Du Daghestan au Thibet, de la Caramanie à l'Iran, des bouches de l'Euphrate aux rives du Gange, ils avaient acheté tous les tapis, toutes les étoffes de tenture créés par les peuples coloristes qui demandent au soleil leurs poétiques inspirations.

Ainsi les émissaires de Jacques Cœur, revenant de courir le monde, apportaient sous les arcades de la cour de sa maison de Bourges les tissus précieux qu'ils avaient achetés dans les pays lointains. Au Louvre, toutes ces merveilles arrivèrent à la fois et, pour les exposer, on couvrit à la hâte d'une tente la vaste cour de l'Hôtel du Louvre, qui devait être un jour le Hall du Palais-Royal. C'est seulement au bout de quatre siècles que Jacques Cœur a eu des imitateurs. Et quels développements ils ont su donner à son idée si féconde!

Tout Paris vint voir cette exposition éblouissante. Ce fut un tel succès que les Directeurs des Grands Magasins du Louvre n'eurent qu'une idée : Devenir propriétaires de l'immeuble, afin de le transformer et d'ouvrir au public des salles immenses comme la tente improvisée pour cette exposition. Avec une vingtaine de millions et des travaux d'une difficulté inouïe, ils arrivèrent en deux ans à créer le Hall du Palais-Royal et les hautes et spacieuses galeries qui l'enveloppent. On inaugura par une fête cette belle création. Deux millions de jouets d'enfants y furent exposés à l'époque du 1er janvier. Ce fut une fureur. Jamais pareil enthousiasme n'accueillit une innovation heureuse.

Aujourd'hui le Hall du Palais-Royal a un rival dans le splendide Hall Marengo que nous allons visiter tout à l'heure. Les gants et les cravates de dames ont remplacé les tapis d'Orient et les jouets d'enfants au centre du Hall, tandis que sous les arcades qui l'entourent sont exposées les soieries et les fleurs. Mais l'empressement n'y est pas moins considérable qu'autrefois. Les gants surtout amènent chaque jour au Louvre les clients par milliers. La foule se renouvelle constamment dans ce vaste Hall, qui est le centre de toutes les attractions : ce que dans un musée on nomme le Salon d'honneur.

Entre les arcades ouvertes du Hall du Palais-Royal, et les arcades fermées de glaces de la cour d'Honneur de l'Hôtel du Louvre, se trouve la Galerie des Soieries, qui, haute de deux étages, va de la rue de Rivoli à la rue Saint-Honoré. Le dessin ci-contre donne une idée très exacte de cette superbe galerie.

COUR D'HONNEUR.

LA GALERIE DES SOIERIES, AUX GRANDS MAGASINS DU LOUVRE.

HALL DU PALAIS-ROYAL.

LE TRAMWAY ET LA GALERIE DE RIVOLI

our réunir, au rez-de-chaussée, le groupe de galeries qui entourent le Hall du Palais-Royal au groupe de galeries qui enveloppent le Hall Marengo, deux grands chemins étaient tout naturellement indiqués : d'un côté, la galerie Saint-Honoré qui longe la rue de ce nom, de l'autre la galerie de Rivoli.

Mais ici se présentait une difficulté qui paraissait insurmontable. Entre les deux parties des Magasins s'ouvre le Grand Hôtel du Louvre. Trois arcades précèdent un péristyle, sous lequel circulent constamment, non seulement les voyageurs, mais aussi les chevaux et les voitures. Inviter les dames à traverser ce passage, avec son mouvement incessant, c'eût été les exposer à un danger véritable. Il n'y fallait pas songer.

Les propriétaires des Grands Magasins du Louvre ont eu une idée des plus ingénieuses. Ils ont fait établir sous l'entrée de leur Grand Hôtel un élégant tunnel,

dans lequel descendent, de chaque côté, deux larges perrons. D'une partie de la galerie à l'autre, voilà donc la communication ouverte. Mais quelque spacieux que soient
ces perrons, ils n'obligent pas moins à descendre et à monter, et les dames peuvent
trouver qu'on leur impose une fatigue. Aussi a-t-on créé un tramway. Un élégant
wagon, placé au repos dans une des galeries, descend à l'étage souterrain, franchit
rapidement l'espace qui s'étend sous le péristyle de l'Hôtel, et remonte de l'autre
côté. C'est un petit voyage amusant et sans danger, et les babies parisiens ne per-
mettraient pas à leurs mamans de les conduire aux Magasins du Louvre sans leur
faire exécuter cette descente, cette promenade et cette ascension.

En traversant ainsi l'étage souterrain, on aperçoit le Salon de lumière, dans lequel
les dames viennent apprécier l'effet des étoffes la nuit, à la clarté des bougies ou du
gaz. Tout auprès, se trouvent les cabinets de toilette et le *private*. Rien n'a été
oublié, on le voit, dans cette merveilleuse organisation.

La galerie de Rivoli, qui, longeant le Hall du Palais-Royal et l'extrémité de la
galerie des soieries, contient surtout les fleurs et les ruches, devient, au delà du tramway
et jusqu'à la rue de Marengo, la galerie du blanc. Une spacieuse galerie transversale
va rejoindre la rue Saint-Honoré, en passant sous le Salon de lecture de l'Hôtel.
Elle est éclairée à la lumière électrique dissimulée par un plafond lumineux sur lequel
semblent tomber constamment les doux rayons d'un soleil de printemps. Cette galerie
est affectée à la toile, aux couvertures et à la parfumerie. Une grande porte monumentale, s'ouvrant sous les arcades de la rue de Rivoli, donne un accès fort commode
à cette partie du réseau des Magasins et Galeries ainsi qu'au Hall Marengo.

LA PORTE DE RIVOLI, SOUS LES ARCADES DE LA RUE DE RIVOLI.

LA PORTE MARENGO

ette porte, au-dessus de laquelle s'étend une large et haute marquise, occupe le centre du pan coupé situé à l'angle de la rue Saint-Honoré et de la rue de Marengo. La descente à couvert des voitures y est facile. Le stationnement des équipages dans la rue de Marengo est commode. Ce sont ces dispositions heureuses qui avaient déterminé, à la création des Grands Magasins du Louvre, en 1855, le choix de cette entrée.

Des deux côtés de la porte, deux immenses glaces laissaient voir de magnifiques rideaux brodés, chefs-d'œuvre de l'art industriel de Tarare, au milieu desquels se détachaient ces mots : *Au Louvre*. Ces deux rideaux, qui avaient figuré à l'Exposition universelle, furent justement cités comme des merveilles. Le goût qui avait présidé à leur exécution était une promesse. Les Grands Magasins qui s'ouvraient s'engageaient tacitement à toujours demander le succès à l'alliance intime de la belle fabrication et du sentiment artistique. Ils ne devaient pas être, comme les grandes maisons de détail, leurs devancières, de vastes bazars où l'on trouverait réunies, pêle-mêle, des marchandises de toutes sortes; mais, au contraire, ils allaient exercer sur la fabrication une influence heureuse. Ils devaient la guider par la création des modèles et des dessins, comme l'avaient fait exclusivement jusqu'alors les maisons spéciales s'adressant à une clientèle restreinte.

Le groupement des spécialités étudiées avec le même soin, la même sollicitude que dans les maisons qui avaient acquis la renommée par le bon conditionnement d'un seul article, a constitué l'originalité des Grands Magasins du Louvre. C'est ce principe nouveau qui leur a permis de fournir à certaines industries, jusque-là très limitées dans leur rayonnement, des extensions inattendues. C'est ce qui a amené, dans le prix de tissus que l'on n'avait fabriqués encore qu'en très petites quantités, des diminutions très sensibles.

Aujourd'hui la porte Marengo n'a plus ce caractère particulier. Elle est surtout l'entrée commode de tout le groupe de magasins de cette région. C'est par elle qu'on pénètre, sans prendre le temps d'examiner ce que contiennent les grandes vitrines qui l'entourent, dans le Hall Marengo et dans les galeries qui lui font une triple ceinture.

Le soir, la lumière électrique répand ses vives clartés sur les abords de cette porte. Ses rayons plongent dans les profondeurs des rues voisines, et donnent un air de fête à tout le quartier.

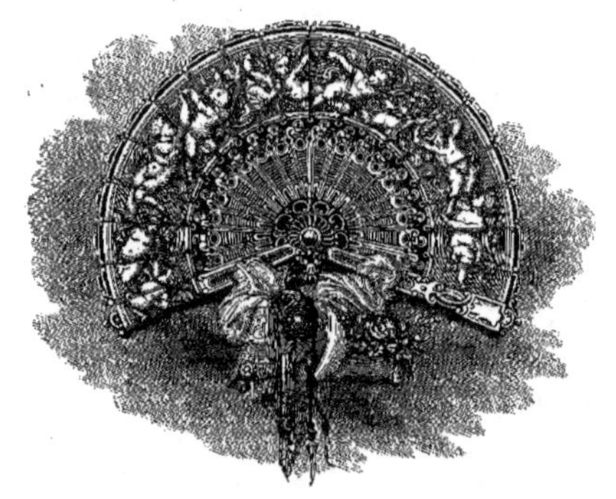

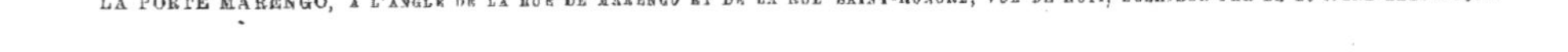

LA PORTE MARENGO, A L'ANGLE DE LA RUE DE MARENGO ET DE LA RUE SAINT-HONORÉ, VUE DE NUIT, ÉCLAIRÉE PAR LA LUMIÈRE ÉLECTRIQUE.

LE HALL MARENGO

lus grand encore que le Hall du Palais-Royal, le Hall Marengo est d'ailleurs aussi brillamment éclairé, et son ornementation est du même style. Il n'a pas de vues sur la cour d'honneur de l'Hôtel; mais il possède un motif de décoration qui lui est propre et qui est d'un bel effet. C'est un vaste escalier, formant double encorbellement à chaque étage, et qui occupe presque entièrement un côté du Hall. Cet escalier est un chef-d'œuvre de hardiesse et de grâce. Chaque volée atteint le balcon du premier étage à un endroit où se trouvent de larges baies, par l'ouverture desquelles on aperçoit de tout le Hall la voûte splendide de la galerie des fêtes de l'Hôtel. Un salon de lecture et de correspondance pour les dames est pris sur cette galerie des fêtes, dont il n'est séparé que par une cloison assez basse pour que toute la voûte de cette galerie puisse être vue de la partie ainsi retranchée. Des rafraîchissements de premier choix, des pâtisseries exquises sont servies au Buffet, qui se trouve sur le même palier du grand escalier, à côté du salon de lecture.

Afin de triompher de la réserve des dames qui croiraient devoir résister aux sollicitations de leurs enfants sur lesquels le buffet exerce une irrésistible attraction, les propriétaires des Grands Magasins du Louvre ont placé, à peu de distance, un tronc pour les pauvres du Ier arrondissement. Charmante pensée que d'associer ainsi la charité aux joies de l'enfance!

Près du buffet se trouvent aussi les balances-bascules. Chacun peut se faire peser en passant dans cette partie des galeries. Les deux fauteuils de ces balances sont en vieux Gobelins d'une grande beauté et d'une remarquable conservation. A chaque personne qui se fait peser, on remet un élégant ticket daté, sur lequel le poids constaté est automatiquement imprimé.

Les galeries de l'entre-sol n'entourent pas complètement le Hall Marengo. De distance en distance elles sont coupées par des passages élevés, qui aboutissent soit à la porte Marengo, soit à la porte Rivoli, soit aux galeries qui longent les rues de Marengo et Saint-Honoré. Mais des ponts très légers, très aériens, font communiquer entre elles les diverses parties de cet entre-sol.

C'est dans les galeries de l'entre-sol que se trouvent le service des envois en province et à l'étranger, ainsi que les rayons de draperie, chaussures, chemises et les vêtements pour hommes, exécutés sur mesure par des praticiens de premier ordre, avec les étoffes choisies dans le Hall. Au premier étage sont situés les comptoirs de layettes, corsets, trousseaux, les tapis et étoffes d'ameublement. Tout le rez-de-chaussée de l'immense salle est consacré aux lainages, fantaisies, fourrures et indiennes. Derrière l'escalier, une galerie très éclairée et très spacieuse est consacrée à la draperie.

Ce qui mérite d'être exceptionnellement signalé, c'est l'ingéniosité des dispositions prises dans cette partie du vaste immeuble pour donner aux galeries primitives des Grands Magasins du Louvre, auxquelles on reprochait jusqu'ici de manquer d'élévation et de clarté, les dimensions superbes que nous leur voyons aujourd'hui. On ne pourrait trop louer les Directeurs qui ont su opérer cette transformation heureuse, en mettant d'accord les nécessités commerciales avec les exigences du goût le plus pur.

Ces dimensions exceptionnelles étaient indispensables, d'ailleurs, pour faciliter la mise en vente de quantités considérables de marchandises. Les bonnes occasions, les articles avantageux, les soldes par masses d'étoffes à prix réduits, ont leur place toute trouvée dans les larges carrefours de ces immenses galeries. De tels magasins deviennent de véritables halles, dans lesquelles la marchandise s'écoule à un bon marché proportionnel aux quantités offertes par les producteurs.

C'est par ces avantages que l'on attire constamment un public nombreux. Tous les mercredis, à tous les comptoirs, les ventes de coupons fournissent aux Dames des occasions exceptionnelles. Les Grands Magasins du Louvre, qui ont voulu être et qui sont une des merveilles de Paris élégant, sont aussi un des marchés créés pour contribuer largement au bien-être des habitants de la grande Cité.

GRANDS MAGASINS DU LOUVRE. — LE HALL MARENGO

GRANDS MAGASINS DU LOUVRE. — **LES BALANCES** (*Voir page 39*)

LES SALONS DU PREMIER ÉTAGE

clairés au dehors par les fenêtres donnant sur la place du Palais-Royal, les rues de Rivoli, Saint-Honoré et de Marengo et la cour d'honneur du Grand Hôtel du Louvre, — au dedans par toutes les portes s'ouvrant sur le balcon des quatre faces des deux Halls, les salons du premier étage forment un appartement immense et magnifique, d'un genre véritablement nouveau. Le décor est d'une certaine sévérité. Partout de larges et solides armoires de vieux chêne, de grandes tables remplaçant les comptoirs d'autrefois. Partout aussi des glaces et des sièges confortables. C'est à la fois opulent et sérieux.

Tout le premier étage de l'immeuble du Louvre est desservi par un large chemin, droit, long d'un kilomètre, occupant le milieu des bâtiments sur les quatre façades, ayant par conséquent le même développement, et sur les côtés duquel sont rangés tous les salons. Il y a cent salons éclairés par cent quatre-vingts fenêtres. Il n'y a pas une seule porte. Tout cet ensemble n'est qu'un immense appartement. Chaque salon n'a que trois côtés, car il n'y a pas de mur sur le chemin. En parcourant cette incomparable promenade, on voit donc tous les salons avec leurs richesses de tout genre et leur mouvement commercial.

L'historique de cette division marque, à vrai dire, une phase nouvelle dans l'industrie des vêtements de dames vendus tout prêts. Il y a de cela un certain nombre d'années, ces vêtements faits au hasard, sans méthode, habillaient mal les femmes. Aujourd'hui les Magasins du Louvre ont transformé cette branche de l'industrie. Toutes les tailles ont été prévues, de telle sorte que toutes les femmes trouvent instantanément le vêtement qui les habille parfaitement. Le même progrès a été réalisé par le goût et l'élégance qui ont présidé aux garnitures; quant-à la coupe des vêtements, il n'y a plus rien à en dire : les coupeurs des Grands Magasins du Louvre sont les plus habiles de Paris.

Les comptoirs des confections et des robes ne copient pas la mode : ils la créent, et, depuis le vêtement le plus modeste jusqu'à la robe de cour et à la toilette de gala, une femme y trouve les combinaisons les plus nouvelles et, suivant la dépense qu'elle veut faire, les plus riches ou les plus simples, mais, dans tous les cas, les plus élégantes.

La coquetterie maternelle la plus raffinée ne saurait rien rêver de plus accompli que les habillements préparés au Louvre pour les enfants. Rien de banal, de commun, rien qui ne soit très élégant et tout à fait complet. La plus simple petite robe possède son originalité et paraphrase la mode courante, sans la copier servilement. Tous les âges, — depuis l'enfant nouveau-né jusqu'à la grande petite fille, jusqu'au jeune garçon de huit ans, — peuvent être habillés de la tête aux pieds, en prenant seulement le temps de l'essayage.

GRANDS MAGASINS DU LOUVRE — LA PORTE SAINT-HONORÉ
Au milieu de la façade de la rue Saint-Honoré.

LA PORTE SAINT-HONORÉ

i les trois grandes entrées des Magasins du Louvre que nous avons esquissées jusqu'ici ont des allures de portes de palais, la porte Saint-Honoré a en revanche, et exclusivement, l'apparence d'une entrée de maison de commerce. Placée au centre de la longue façade de la rue Saint-Honoré, qui, d'un bout à l'autre de ses 200 mètres d'étendue, a la même ordonnance typique des grands établissements commerciaux, — boiseries de chêne encadrant des glaces et frise unie portant des inscriptions, — cette porte n'a aucun caractère monumental, mais elle est d'une grande utilité, en raison de cette énorme longueur de galeries, parce qu'elle facilite l'entrée et la sortie des personnes qui viennent aux Magasins du Louvre uniquement pour l'article de Paris, pour la mercerie, la passementerie et les rubans. Tous ces articles ont leur place marquée dans la galerie Saint-Honoré, à droite et à gauche de cette porte.

En face de l'entrée s'ouvre une large galerie de trois travées, qui se dirige vers la rue de Rivoli, et contient la parfumerie, les couvertures et la toilerie. Elle conduit à la galerie de Rivoli, spécialement consacrée au blanc.

On trouve encore, presque en face de la porte Saint-Honoré, un escalier large et commode, qui conduit aux immenses galeries de l'entre-sol et du premier étage. Au premier étage on rencontre l'assortiment le plus complet de tapis et d'étoffes pour ameublement qu'il y ait au monde. C'est là que les tapis d'Orient, dont l'avénement a marqué le commencement de la période des agrandissements des Magasins du Louvre, occupent de vastes espaces et sont catalogués absolument comme les produits de nos fabriques françaises.

13

LES SOUS-SOL
DES
GRANDS MAGASINS DU LOUVRE

ous avons décrit les splendeurs de cette colossale maison. Nous avons conduit nos lecteurs devant toutes les portes et nous leur avons montré les galeries et les salons, les perspectives et les profondeurs de cet immense palais commercial, dont la surface utilisée est d'environ 31,600 mètres carrés, — plus de 3 hectares et demi!

Cet espace est desservi par trente-sept galeries développant 3 kilomètres 676 mètres, — près d'une lieue, — et se trouve subdivisé en 365 salons de vente : autant de salons que de jours dans l'année!

Pénétrons maintenant dans le sous-sol des Grands Magasins du Louvre. Nos lecteurs y trouveront encore des surprises.

Le sous-sol est toute une ville souterraine. Une sorte de grand chemin de ceinture, avec un kilomètre de voie ferrée pour les transports, l'enveloppe, et sur ses deux côtés s'ouvrent d'innombrables ateliers, des réserves, des postes de pompiers et de garçons de service, des vestiaires, des réfectoires, des cuisines. Des salles immenses, dont on voit ci-contre la physionomie prise sur le vif par un artiste de grand talent, M. Féral, sont affectées l'une au déballage des caisses et autres colis contenant des marchandises de tous genres, l'autre à

GRANDS MAGASINS DU LOUVRE. — LE SOL A L'ARRIVÉE DES COLIS ET EN DÉPÔT DES MARCHANDISES, UNE DES SALLES SOUS LE PALAIS-ROYAL.

GRANDS MAGASINS DU LOUVRE. — L'ATELIER D'EMBALLAGE DES COLIS DE MARCHANDISES DESTINÉS AUX DÉPARTEMENTS ET A L'ÉTRANGER.

l'emballage des produits expédiés par les Grands Magasins du Louvre à leur clientèle des départements et de l'étranger. Des ascenseurs et des plans inclinés mettent en communication ces parties du sous-sol avec le dehors, ou avec les magasins, ou encore avec le vaste entre-sol de la rue de Rivoli, dans lequel sont installés, comme nous l'avons dit, les nombreux employés chargés du service des expéditions.

Les marchandises arrivent aux magasins par une porte spéciale située rue Saint-Honoré, en face de la rue de Valois. Là, on vérifie le poids des colis, puis on les descend dans le sous-sol par un plan incliné. Quand le déballage est opéré, les marchandises sont rangées sur les comptoirs de la grande salle qui s'étend sous toute la surface du Hall du Palais-Royal, et qui est éclairée par des jours habilement dissimulés au milieu des installations de la ganterie et des fichus. C'est devant ces comptoirs que les chefs de rayon viennent opérer la reconnaissance des articles qui leur sont destinés, et en fixent le prix de vente.

Une autre grande salle souterraine est occupée par les emballeurs. Un ascenseur hydraulique descend de l'entresol les objets qui doivent être expédiés, et les adresses des destinataires. Chaque envoi est aussitôt placé dans une caisse fabriquée au dehors, ou est mis en ballot par des ouvriers soigneux et expérimentés. Dans un bureau voisin, on prépare les feuilles d'expédition et les lettres de voiture. Un ascenseur monte les colis jusqu'au trottoir de la rue de Rivoli, où les fourgons les chargent pour les conduire aux chemins de fer.

Dans ce même sous-sol sont installés aussi les ateliers des menuisiers, peintres, plombiers, gaziers, fumistes et mécaniciens, chargés de l'entretien des locaux et du matériel. Un ingénieur, assisté de son personnel de conducteurs et dessinateurs, dirige les travaux de ces ouvriers, et s'occupe de l'application, aux Grands Magasins et au Grand Hôtel du Louvre, des inventions et améliorations récentes de tout genre relatives à l'éclairage, à la ventilation, au confortable, etc.

LES ASCENSEURS

LA DIRECTION DES GRANDS MAGASINS DU LOUVRE

e 9 juillet 1855, les Grands Magasins du Louvre ouvraient leurs portes au public. La rapidité avec laquelle avaient été menés les travaux d'installation de cette importante maison de commerce était de bon augure. « Un jour viendra, » disait à ses fondateurs M. de Villemessant, le spirituel et regretté directeur du *Figaro*, « où vous occuperez toutes les arcades de la rue de Rivoli, toutes celles de la place du Palais-Royal, et les façades entières sur les « deux rues de Marengo et Saint-Honoré... » Depuis deux ans cette prédiction s'est accomplie. Mais ce que personne n'eût osé prévoir en ce moment s'est aussi réalisé. Les magasins ont envahi deux des cours de l'Hôtel, tout l'entre-sol, et tout le premier étage. Leurs galeries, jadis étroites et basses, sont devenues de superbes vaisseaux : les plus grandioses, les mieux aérées et les mieux éclairées des salles de Paris.

Chance merveilleuse ! dira-t-on. C'est l'explication trop facile qu'on est tenté de

14

donner à toutes les réussites qui dépassent les prévisions humaines. Souvenez-vous donc de toutes les conceptions qui ont appelé l'attention publique sur cette colossale maison : La première mise en vente des tapis d'Orient, — les grands arrivages de bibelots venant de Chine, du Japon et de l'Inde, vases superbes, magots fantastiques, petits meubles de laque et bambou, — les expositions multipliées et notamment celle des jouets à l'époque du jour de l'an. A chaque ouverture de saison, depuis que les Grands Magasins du Louvre existent, une nouveauté à sensation y amène un accroissement de clientèle. Il ne faut donc pas rendre au hasard l'hommage de succès aussi énergiquement voulus, aussi intelligemment obtenus, aussi légitimement gagnés.

Et nous ne pouvons mieux terminer ce que nous voulons dire des grands Magasins du Louvre qu'en reproduisant la conclusion d'un article publié par l'*Illustration* le 7 avril 1877 :

« Une puissante organisation, un grand ordre dans les moindres détails, une scrupuleuse économie dans tous les services, de la prodigalité seulement dans les choses qui peuvent concourir au bien-être des clients et clientes et qui doivent contribuer au renom de la maison et à l'extension de ses affaires, voilà la raison du succès des Directeurs des Grands Magasins du Louvre.

« Maintenant les voilà propriétaires de l'immense immeuble dans lequel sont établis leurs magasins. Ils ont acheté dix-sept millions cinq cent mille cinquante francs la propriété et l'Hôtel du Louvre. Ils ont pris aussitôt à leur compte l'exploitation de l'Hôtel, de façon à combiner les exigences de cette industrie et de leur commerce. Ils sont arrivés ainsi à doubler la surface de leurs magasins sans priver l'Hôtel d'un seul de ses services. Aujourd'hui, le Grand Hôtel du Louvre restauré, embelli, entièrement remis à neuf, fait plus de recettes qu'il n'en a jamais fait, et produit un bénéfice suffisant pour payer l'intérêt de tout le capital engagé dans l'acquisition de l'immeuble. Aussi les Grands Magasins du Louvre, non seulement les plus vastes du monde, mais les plus grandioses, les plus luxueux et les mieux situés de Paris, sont les seuls qui n'aient pas, sous quelque forme que ce soit, de loyer à payer. »

Il faut le dire aussi, le succès obtenu par les propriétaires de ces vastes magasins est dû beaucoup à une volonté qui domine dans tous leurs actes. Ils ne songeaient pas à réaliser d'énormes bénéfices, mais ils voulaient faire grand. Pour y arriver, ils ne se sont pas préoccupés des difficultés de tout genre et n'ont pas reculé devant les luttes les plus âpres. C'est ainsi qu'ils ont élevé à des hauteurs qu'il n'avait jamais atteintes leur commerce multiple. Ils ont élargi le cadre de certaines industries parisiennes qui, aujourd'hui, ne vivent plus que par eux. Ils ont réussi au delà de leurs espérances en prenant ce rôle d'initiateurs, et ils ont su le remplir avec une remarquable ténacité. La fortune est aux audacieux, dit-on souvent. L'exemple de MM. Chauchard et Cⁱᵉ montre qu'elle est plus encore aujourd'hui aux enthousiastes et aux persévérants.

UNE CURIEUSE STATISTIQUE

omplétons par quelques chiffres la physionomie de cette colossale maison. L'éloquence des chiffres est celle qui, de nos jours, a le plus de puissance.

Les propriétaires des Grands Magasins du Louvre ont, sous leurs ordres, soixante chefs de comptoir et chefs de service et cent vingt seconds dirigeant mille employés préposés à la vente. Deux cent vingt-sept comptables s'occupent exclusivement des expéditions en province et à l'étranger. Les lettres sont décachetées tous les matins par cinquante à soixante personnes, puis classées par catégories et copiées sur des fiches transmises aux rayons dans lesquels se trouvent les objets demandés (1). Chaque fiche porte un numéro d'ordre correspondant à une des cases du magasin d'expédition. Les objets sont apportés dans la case, où le chef de service constate la bonne exécution de la commande, puis on fait le paquet, le ballot ou la caisse, et l'on expédie par fourgons spéciaux aux gares des chemins de fer et aux Messageries Nationales.

(1) Le nombre des lettres reçues dans l'année s'élève à 650,000; l'Étranger entre dans ce nombre pour 110,000.

Tous les matins, quarante-deux voitures de distribution de marchandises au domicile des acheteurs partent des Grands Magasins du Louvre. A une heure de l'après-midi, un service de garçons porteurs livre les objets achetés dans la matinée. Enfin, à cinq heures, partent trente voitures de livraison. Ces voitures font toujours le service spécial du même quartier. Tous les environs de Paris, dans un rayon de 20 kilomètres, sont ainsi desservis par les équipages des Grands Magasins du Louvre, qui emploient cent quatre-vingts chevaux.

Bien que de nombreux produits soient fabriqués à Paris, les Grands Magasins du Louvre n'en payent pas moins un chiffre considérable de transports. Dans une seule année, les chemins de fer et la douane leur ont coûté, rien que pour les marchandises reçues par eux, 538,000 francs, et ils ont payé aux camionneurs environ 11,600 francs de pourboires.

L'atelier d'échantillonnage, dont la gravure reproduit l'aspect à une des pages qui précèdent, occupe quatre-vingt-dix ouvrières. L'imprimerie typographique qui lui est annexée, et dans laquelle on fabrique, outre les cartes d'échantillons, les affiches à la main, les pages d'annonces destinées aux journaux et les imprimés de tous genres, occupe six presses mécaniques. Une autre imprimerie, photolithographique, sert à la reproduction des costumes, dentelles, etc.

Des ateliers de tapisserie sont installés, avec l'échantillonnage et l'imprimerie, dans le vaste hôtel situé à l'angle de la rue Saint-Honoré et de la rue de Valois. Ils n'occupent pas moins de cent ouvriers et employés.

Deux vastes annexes complètent les installations des Grands Magasins du Louvre.

L'une est située quai des Grands-Augustins, dans une partie importante de l'ancien local du marché de la Vallée. On y trouve une fabrique de literie et de sommiers, d'importantes écuries et des remises parfaitement disposées. Ces écuries sont situées au premier étage d'une colossale construction en fer dont la partie inférieure est occupée par les remises. Sur le quai, s'élève l'hôtel du personnel, contenant les logements des demoiselles employées, qui ont chacune une jolie chambre très fraîche, et qui, le dimanche, se réunissent dans une sorte de cercle, comprenant salle à manger, salon, bibliothèque, etc., etc.

L'autre annexe est en voie de construction. Elle couvre un espace de huit mille mètres carrés, situé avenue Rapp, près du palais de l'Exposition universelle de 1878. Là encore, on installe de vastes ateliers, principalement de couture et de tapisserie, et aussi des écuries et des remises. Un superbe bâtiment contient des logements modèles, très nombreux, pour les employés célibataires, hommes et jeunes gens.

Enfin les Grands Magasins du Louvre possèdent un service de sapeurs-pompiers choisis parmi les braves soldats du régiment des pompiers de Paris. Ce service comprend un capitaine, un sergent, un caporal et douze hommes. Les rondes de nuit sont faites de demi-heure en demi-heure et contrôlées par des compteurs. Les appareils de sauvetage et secours sont placés à l'état fixe dans toutes les parties de l'immeuble.

Tous ces services réunis occupent dix-neuf cents employés nourris dans la maison. La consommation du vin est de deux mille pièces par année, soit environ six pièces par jour. La consommation du pain se chiffre par environ 300,000 kilog. On emploie à la cuisine 100,000 kilog. de bœuf, 85,000 kilog. de mouton, 45,000 kilog. de veau, 10,000 kilog. de beurre. On consomme en outre, dans une année moyenne, 70,000 francs de volaille et de lapins, 64,000 francs de légumes, 27,000 francs de lait, fromages et œufs, 40,000 francs d'épicerie, et 60,000 francs de desserts divers. Les cuisines ont à leur tête un économe, deux chefs, six sous-chefs et quatorze marmitons. La cave est tenue par un sommelier et trois aides. Le service des réfectoires est fait par vingt-sept garçons. Ces réfectoires sont tenus avec le plus grand soin et rappellent ceux des pensionnats de premier ordre. Les dames ont des réfectoires à part.

Tels sont les chiffres dont nous avons cru devoir accompagner les gravures représentant fidèlement les parties des Grands Magasins du Louvre qui ne sont pas ouvertes au public.

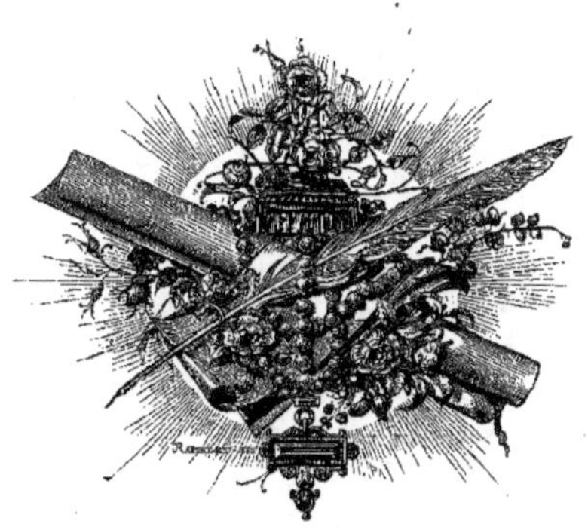

RENSEIGNEMENTS COMMERCIAUX

haque année marque une progression dans l'importance des affaires traitées par les GRANDS MAGASINS DU LOUVRE.

Ce fait, incontestable pour tous ceux qui ont pris la peine de visiter ces Magasins, est dû principalement à la ligne de conduite de ses propriétaires :

« Tenir compte, avant tout, des intérêts bien entendus du public;

« Livrer au public seulement les meilleures qualités dans chaque branche de l'industrie;

« Les lui livrer au plus bas prix possible, en s'arrêtant, en fait de bon marché, à la limite extrême où ce bon marché devient ruineux, puisqu'il s'édifie sur la mauvaise qualité de la marchandise;

« Avoir, en tous genres, tous objets, toutes teintes, un assortiment aussi considérable que celui des magasins spéciaux dits de gros, inabordables pour le public, et lui offrir les avantages de prix qu'il ne peut obtenir dans les magasins refusant de vendre au détail;

« Grâce au bon marché, étendre sans cesse les opérations, par conséquent écouler les marchandises chaque saison, et offrir à la clientèle la nouveauté la plus incontestable dans tous les produits qui composent la toilette féminine, masculine, enfantine, ainsi que l'ameublement des maisons de ville et de campagne. »

Sans doute, cette ligne de conduite ne saurait être suivie si l'Administration des GRANDS MAGASINS DU LOUVRE ne possédait des capitaux énormes, mis en mouvement avec une activité infatigable; mais la combinaison de ces forces nous permet d'affirmer aujourd'hui, à cette puissante maison, qu'elle possède la clientèle la plus considérable du monde entier; non cette clientèle de passage que toute annonce attire et qui se laisse prendre aux pièges les plus grossiers, mais la solide clientèle de Paris, la sage clientèle des départements qui revient à chaque saison, parce qu'on lui a toujours fourni, en tous genres, la meilleure marchandise possible, au plus bas prix possible. Gagner peu, pour gagner beaucoup, semblera un axiome paradoxal. Les GRANDS MAGASINS DU LOUVRE ont tout lieu, cependant, de se féliciter de l'avoir mis en pratique, et leurs clients peuvent être assurés qu'ils continueront à s'y conformer. Aussi peuvent-ils, au risque de se répéter, mais en demeurant fidèles à la vérité, affirmer à chaque nouvelle saison, que leurs opérations sont plus considérables qu'elles ne l'ont jamais été, et que le public a, par conséquent, la certitude de trouver dans ces Magasins un choix toujours avantageux, quel que soit le tissu ou l'objet dont il cherche à faire acquisition.

Un semblable mouvement d'affaires exigeait une administration ponctuelle et zélée; les *Bureaux d'expéditions* fonctionnent de façon à éviter tout retard à la clientèle des départements, qui est quelquefois servie plus vite encore que celle de Paris (1).

En dépit de cette organisation exceptionnelle, une erreur quelconque pourrait se produire, et les Directeurs des GRANDS MAGASINS DU LOUVRE ont donné comme contre-poids et comme contrôle aux Bureaux d'expéditions :

LE BUREAU DES RÉCLAMATIONS

auquel les clientes adresseront leurs lettres, dans le cas où elles n'auraient pas été servies à leur gré; les Directeurs des GRANDS MAGASINS DU LOUVRE ne sauraient trop insister sur ce point, car c'est le *public satisfait* qui compose le public nombreux et fidèle auquel ils doivent leur prospérité; et leurs intérêts sont, par conséquent, solidaires et dépendants des intérêts de chaque acheteur.

RÉCLAMATIONS

Les propriétaires des GRANDS MAGASINS DU LOUVRE avaient voulu, il y a quelques années, établir des agences dans les départements; mais ils ont été promptement convaincus que ces agences eussent été à la charge de la clientèle, laquelle supporte, en fin de compte, les frais occasionnés par ces établissements.

De plus, ce qui les a encore empêchés de donner suite à cette combinaison, c'est l'impossibilité où ils se fussent trouvés de contrôler les opérations et de conserver cette certitude indispensable à leur sécurité, que les marchandises livrées par les agences eussent été irréprochables au point de vue de la nouveauté comme de l'excellence des produits.

Beaucoup d'abus peuvent et doivent résulter de l'emploi des intermédiaires, et, comme les Directeurs des GRANDS MAGASINS DU LOUVRE n'ont pas voulu en

(1) Les GRANDS MAGASINS DU LOUVRE restant fermés les dimanches et jours fériés, les demandes ou réclamations qui leur arrivent les samedis ou veilles de fêtes, après quatre heures du soir, ou pendant les jours fériés, ne peuvent obtenir satisfaction que le lendemain.

assumer la responsabilité, ils ont préféré, dans l'intérêt de leur clientèle, centraliser les opérations de façon à pouvoir les surveiller et les garantir.

Ils viennent, à cet effet, de créer un bureau de réclamations tout à fait spécial et indépendant de celui dont nous avons parlé plus haut, afin de réparer les oublis qui pourraient être faits à leur bureau central d'expéditions : soit retard dans l'envoi des commandes, soit inexactitude dans le choix des échantillons.

Ils prient donc les Dames qui auraient à se plaindre d'irrégularité dans les envois, d'écrire :

Aux **GRANDS MAGASINS DU LOUVRE**, à Paris, en ayant soin de mettre sur l'enveloppe de leur lettre : *Bureau des réclamations.*

EXPÉDITIONS

L'Administration des Messageries Nationales, à Paris, est seule chargée des expéditions des GRANDS MAGASINS DU LOUVRE. Les Expéditions ont été cette année de **425,000** colis.

Tous les envois de **25** francs et au-dessus sont faits entièrement *franco de port* pour toute l'étendue de la France (1), l'Alsace-Lorraine, l'Allemagne, la Belgique, la Hollande, la Suisse, l'Italie, l'Autriche-Hongrie et la ville de Londres; pour tous les autres pays du monde, jusqu'aux frontières françaises.

Les envois de Meubles et de Literie sont seuls exceptés de cette règle : les frais de transport et d'emballage, occasionnés par ces envois qui, à moins d'ordres contraires, sont faits par petite vitesse, restent au compte de l'acheteur.

Pour les marchandises sortant du territoire français, les droits et commissions de douanes, ainsi que les frais d'assurances maritimes, sont toujours à la charge des destinataires.

RECOUVREMENTS

L'Administration des GRANDS MAGASINS DU LOUVRE expédie ses marchandises sur tous les points; le payement s'effectue contre livraison, c'est-à-dire qu'elle *tire en remboursement;* en d'autres termes, on paye l'objet en le recevant. Les frais résultant de ce mode de recouvrement sont toujours à la charge des GRANDS MAGASINS DU LOUVRE.

Il est fait cependant exception à ce mode de recouvrement pour l'*Espagne*, le *Portu-*

(1) A l'exception de la Corse et de l'Algérie, pour lesquelles les colis ne sont affranchis que jusqu'au port d'embarquement.

gal, les villes de la *Corse* autres qu'*Ajaccio* et *Bastia,* pour *la Calle* et *Tunis*, et pour les îles de *Jersey, Guernesey, Aurigny* et *Cers.* L'Administration des GRANDS MAGA-SINS DU LOUVRE pric les personnes habitant ces pays, qui lui feront des demandes, de lui indiquer un correspondant à la frontière ou au port d'embarquement, auquel elle fera l'expédition en remboursement; ce correspondant sera ensuite chargé de faire parvenir les marchandises à leur adresse.

Les frais résultant de la conversiòn des monnaies étrangères en monnaies françaises sont toujours à la charge des Acheteurs; on peut les éviter en envoyant à l'avance un mandat international, une lettre chargée ou une valeur à vue sur Paris.

IMPOT ET TIMBRE

La modicité de ses prix oblige l'Administration des GRANDS MAGASINS DU LOUVRE à laisser au compte de ses clientes les nouveaux impôts dont toutes les expéditions sont actuellement frappées.

Ces impôts sont ainsi désignés sur les factures :

Timbre (loi du 23 août 1871). . . . . 0 fr. 10 c.
Impôt.   80
                                                    ____
                                                     0 fr. 90 c.

SUPPLÉMENTS DE PORT

Quoique les frais d'envoi aient été acquittés par l'Administration, il peut arriver que, dans les localités éloignées du chemin de fer, un supplément de port soit réclamé par le service des Correspondances, pour des envois qui auraient dû être délivrés *franco.*

Dans ce cas, l'Administration des GRANDS MAGASINS DU LOUVRE pric les Dames de payer, pour éviter un retard dans la livraison, et de lui adresser le reçu de la somme indûment déboursée. Cette somme leur sera renvoyée par retour du courrier.

Le récépissé est indispensable à l'Administration pour qu'elle puisse avoir recours contre les Agences de transport, auxquelles elle paye l'affranchissement jusqu'à destination.

ENVOIS CONDITIONNELS

Lorsque la demande leur en est faite, les **GRANDS MAGASINS DU LOUVRE** envoient à condition des choix variés de châles et de dentelles, ainsi que les confections et les manteaux qui peuvent, sans inconvénient, supporter les risques d'un double voyage.

Afin d'éviter toute espèce de retards dans ces sortes d'envoi, les Dames qui demandent des articles à condition voudront bien, lorsqu'elles ne sont pas en rapports fréquents avec la maison, indiquer, suivant l'usage, leurs références ou adresses de répondants.

Les **GRANDS MAGASINS DU LOUVRE** expédient aussi, de cette façon, leurs collections d'échantillons de tapis et d'étoffes pour ameublement, que leur volume empêche d'expédier par la poste.

Les dentelles, châles, etc., voyagent sous chargement avec déclaration de la valeur. Les frais de cette déclaration, ainsi que le port de tous les articles envoyés conditionnellement, sont à la charge de la Maison pour l'aller et à celle des clientes pour le retour.

RETOURS DE MARCHANDISES

Lorsque les marchandises ne répondent pas à ce que l'on en attendait, l'Administration des **GRANDS MAGASINS DU LOUVRE** accepte toujours qu'on les lui renvoie.

Il est fait, néanmoins, exception à cette règle :

1° Pour les Objets de toilette faits sur mesure ou les Ameublements faits sur commande, qui ne peuvent être repris;

2° Lorsque le temps écoulé entre l'achat et le rendu est assez long pour que la marchandise soit démodée.

Chacun des articles possède une petite étiquette portant un numéro; en cas de réclamation l'Administration prie instamment les clientes de vouloir bien lui retourner une de ces étiquettes.

Tous les retours de Marchandises doivent être faits franco, *les articles envoyés en échange ne sont pas affranchis.*

L'Administration des GRANDS MAGASINS DU LOUVRE prie les Dames de bien indiquer, sur les colis qu'elles lui envoient, leur nom et leur adresse comme ci-dessous :

Envoi de Madame ROBERT, à Bonneval
(Eure-et-Loir)

Messieurs les Administrateurs
des GRANDS MAGASINS DU LOUVRE
PARIS

Il est indispensable de faire précéder les retours d'une lettre d'avis indiquant la date de l'achat et contenant toutes les instructions de l'envoyeur, afin que l'on puisse sans retard échanger ou rembourser les articles retournés, suivant le désir exprimé par la personne qui en fait le retour.

Nous croyons devoir rappeler aux Dames que l'insertion de toute note manuscrite dans un colis ou un paquet d'échantillons est un délit puni très sévèrement par les règlements de la Poste.

Toutes les lettres doivent être *affranchies* et adressées ainsi :

TIMBRE

Messieurs les Administrateurs

des GRANDS MAGASINS DU LOUVRE
PARIS

Les télégrammes doivent être ainsi adressés :

MAGASINS DU LOUVRE. — PARIS

DEMANDES D'ÉCHANTILLONS

Pous les demandes d'échantillons, et afin que les collections soient bien complètes, prière d'indiquer le genre des étoffes que l'on désire et de fixer les prix approximativement.

Pour éviter tout retard dans la remise de ses envois de marchandises ou d'échantillons, l'Administration des GRANDS MAGASINS DU LOUVRE prie les Dames de lui rappeler leur adresse à chaque demande, et de lui faire connaître exactement les noms de *la gare et celui du bureau de poste desservant la localité.*

Il ne peut être fait d'envoi conditionnel pour les objets d'une valeur inférieure à **50** *francs, et, en raison des formalités de douane, on ne peut envoyer hors de France des articles à choisir.*

EXPÉDITIONS PAR LA POSTE [1]

La Poste ne répondant pas des objets expédiés comme échantillons, l'Administration des GRANDS MAGASINS DU LOUVRE ne les expédie par cette voie que sur la demande *expresse* des Dames, *sans en prendre la responsabilité.*

Pour qu'il soit donné suite à ces sortes d'envoi, chaque demande devra être accompagnée d'un mandat de poste représentant la valeur de la marchandise, plus les frais d'affranchissement fixés ainsi par le tarif postal :

De 1 à 50 grammes.	0 fr.	05 c.
De 50 à 100 —	0	10
De 100 à 150 —	0	15
De 150 à 200 —	0	20
De 200 à 250 —	0	25
De 250 à 300 —	0	30

Pour plus de sécurité, on peut faire recommander l'envoi; il est alors nécessaire d'ajouter 0,25 cent. pour le port, quel que soit le poids.

NOTA. — *Les paquets confiés à la Poste, à titre d'échantillons, ne peuvent peser plus de* **300** *grammes ni mesurer plus de* **25** *centimètres en tous sens.*

(1) Les Grands Magasins du Louvre payent annuellement à l'Administration des Postes :

Pour distribution d'imprimés.	214,300 francs
Pour frais de correspondance.	140,000
Pour transport des paquets-poste et des échantillons.	112,000
Total	466,300 francs.

ENVOIS D'ARGENT

Il arrive fréquemment que les lettres contenant des valeurs en billets de banque ou en timbres-poste *sous pli non chargé,* se trouvent perdues en route.

Les GRANDS MAGASINS DU LOUVRE ne sauraient assumer la responsabilité des envois d'argent qui leur seraient faits de cette manière.

Ils prient instamment les Dames de leur envoyer toujours un mandat-poste, ou de faire charger leurs lettres contenant des valeurs.

LE

GRAND HÔTEL DU LOUVRE

LE

GRAND HÔTEL

DU

LOUVRE

PORTES D'ENTRÉE. — PÉRISTYLE ET COUR D'HONNEUR DU GRAND HÔTEL DU LOUVRE. — RUE DE RIVOLI.

LE GRAND HÔTEL DU LOUVRE

ous n'entrerons pas, au sujet du Grand Hôtel du Louvre, dans autant de développements qu'au sujet des Grands Magasins. Ce que nous avons seulement mission d'établir, c'est que le développement énorme pris par les galeries où s'exposent et se vendent les tissus et nouveautés de tous genres n'a rien changé aux dispositions générales de l'Hôtel, dont il n'a diminué ni la splendeur ni l'étendue. Les propriétaires de l'immeuble et des deux entreprises parallèles ont apporté dans l'Hôtel ce goût du confortable dont ils ont donné tant de preuves dans l'organisation de leurs magasins.

Ainsi la cour d'honneur est devenue un véritable jardin d'hiver, entouré de rhododendrons et de plantes des tropiques. En face du grand et magnifique escalier que représente notre gravure s'étend une vaste terrasse, élevée de quelques marches au-dessus du sol, et qu'ombragent de superbes palmiers, sous lesquels viennent s'asseoir, pour lire les journaux ou prendre des glaces et autres rafraîchissements de premier choix, les locataires de l'Hôtel.

Au premier étage, des deux côtés des paliers du grand escalier, des terrasses aériennes également ombragées de palmiers, sont aussi fort recherchées. On vient y respirer l'air embaumé par les fleurs, et contempler le mouvement incessant de cette cour d'honneur dans laquelle les voitures arrivent amenant des voyageurs ou des visiteurs, et repartent, emportant vers tous les quartiers de Paris les habitants de l'Hôtel. Le soir, la lumière électrique éclaire brillamment la cour, répandant ses rayons sur les feuillages dont le vert resplendit, et faisant étinceler les dorures. C'est une féerie des plus éblouissantes, dans laquelle chacun se trouve être à la fois personnage et spectateur.

Placé au centre de la capitale, réunissant toutes les innovations qui ont fait la fortune des célèbres hôtels de Suisse et de New-York, le Grand Hôtel du Louvre voit s'accroître tous les jours la renommée conquise par vingt-deux ans d'une gestion irréprochable. Nous ne parlerons ni de la perfection de son service, ni de son personnel intelligent et empressé, ni des commodités qu'on y rencontre; comme salons de bains et d'hydrothérapie, salons de coiffure, facilité de réunir plusieurs pièces en un appartement complet confortablement et élégamment disposé grâce aux ressources d'un garde-meuble qui réalise les transformations les plus complètes avec une merveilleuse rapidité. Toutes ces dispositions excellentes ont été, non seulement conservées, mais améliorées, rajeunies, soumises aux exigences de la Mode, dont, à tous les points de vue, l'immeuble des Magasins et de l'Hôtel du Louvre a le droit de se dire le palais enchanté.

L'escalier d'honneur conduit les visiteurs à deux vestibules donnant accès au Salon de lecture. Cette admirable galerie est devenue un véritable Musée où les œuvres d'art, tableaux, statues et statuettes attirent chaque jour la plus haute société parisienne. Ainsi l'Hôtel du Louvre offre aux artistes vivants une hospitalité que le palais du Louvre leur refuse encore.

Les grandes verrières de la galerie des tableaux donnent d'un côté sur la cour d'honneur, de l'autre sur la galerie des Fêtes. Voici cette nef merveilleuse, qui serait sans rivale à Paris si la galerie d'Apollon n'existait pas, et qui nous rappelle aussi les plus éclatantes splendeurs de Versailles. Un grand artiste, Barrias, a peuplé de sujets mythologiques les caissons de sa voûte superbe, sous laquelle des lustres magnifiques et d'innombrables girandoles répandent chaque soir une éblouissante lumière.

Que de fêtes nous rappelle cette galerie presque incomparable! La dernière a été le banquet offert par les exposants anglais de Paris, en 1878, à S. A. R. le prince de Galles. L'avant-dernière était le dîner auquel on conviait l'illustre Stanley, de retour de l'Afrique centrale. A quoi bon remonter en arrière d'ailleurs? Ces souvenirs ne font-ils pas partie de l'histoire de Paris pendant les vingt dernières années, et ne sont-ils pas présents à la mémoire de tous?

SALON DE LECTURE ET GALERIE DE TABLEAUX DU GRAND HÔTEL DU LOUVRE.

GRANDE SALLE A MANGER ET GALERIE DES FÊTES DU GRAND HÔTEL DU LOUVRE.

SALLE DE BILLARDS ET ESTAMINET DU GRAND HÔTEL DU LOUVRE.

Des salons de restaurant très élégamment décorés, dans lesquels étincellent chaque soir des services de table qui sont les chefs-d'œuvre de l'orfèvrerie française, — d'autres salons réservés aux hommes, qui y retrouvent le confortable des grands cercles de Londres ou de Nice, — un estaminet auquel ne manquent même pas les billards, — voilà, entre autres, les innovations qui font de cet Hôtel la plus agréable des résidences, en permettant à chacun d'y vivre à sa guise : de la vie bourgeoise, de la vie de famille, de la vie de cercle ou de la vie de château.

Le Grand Hôtel du Louvre contient sept cents chambres, entièrement remises à neuf depuis l'acquisition de l'immeuble par MM. Chauchard et Cie. On y trouve réunies toutes les commodités désirables. Deux ascenseurs desservent tous les étages, auxquels on arrive aussi par de larges escaliers. Chaque étage est divisé, au point de vue du service, en trois quartiers : du Palais-Royal, de Rivoli et Saint-Honoré. Deux cent cinquante employés des deux sexes forment le personnel. Les domestiques étrangers y sont logés dans des chambres confortables. Les voitures de grande et de petite remise s'y trouvent constamment à la disposition des voyageurs. Des omnibus spéciaux, faisant le service de tous les trains, vont constamment de l'Hôtel à tous les chemins de fer et *vice versa*. Des guides, des interprètes parlant toutes les langues, un bureau de renseignements, un service de postes et de télégraphie, une caisse de change, sont installés dans l'Hôtel.

Et les prix, direz-vous? Ils sont des plus modérés. Pour éviter toute surprise, toute contestation, un tarif embrassant toutes choses, logement, nourriture, service, est affiché dans chaque chambre. Le voyageur peut établir sûrement son budget dès son arrivée, car rien n'y a été omis.

Les cuisines du Grand Hôtel du Louvre ont une réputation universelle. On n'y fait point seulement la grande cuisine française, aussi estimée pourtant que les merveilles de notre industrie. On y reproduit avec une perfection absolue tous les mets célèbres dans tous les pays. Les artistes culinaires réunis dans ce gigantesque laboratoire sont des hommes formés par l'expérience, qui viennent chercher au Grand Hôtel du Louvre la consécration de leur renommée.

Les caves ne le cèdent en rien aux cuisines. Depuis la fondation elles sont l'objet de soins incessants. Les grandes années de tous les crus célèbres y sont collectionnées. Les Bordeaux, les Bourgogne, les Champagne, les vins du Rhin, de Moselle, de Hongrie, d'Espagne, de Portugal, d'Italie ont leur place marquée dans cette galerie des chefs-d'œuvre de la nature. La provenance de tous ces crus est certaine, et il n'en peut être autrement dans une maison fréquentée par l'élite de la société des deux mondes. Les boissons en vogue dans les pays où la vigne n'a pu s'acclimater se trouvent aussi dans cette cave, où Gambrinus reconnaîtrait les flots de la blonde liqueur que parfument les houblons de l'Alsace, de la Bavière, de la Bohême, de l'Angleterre et du Nord.

Aussi la table d'hôte de l'Hôtel du Louvre, véritable fête gastronomique qui se renouvelle tous les jours, doit-elle à ses cuisines merveilleuses, à cette cave incomparable, un éclat indiscuté. Les mêmes soins, la même somptuosité, la même recherche sont déployés dans les repas particuliers, servis dans les salons ou dans les appartements. Brillat-Savarin, tout Parisien qu'il était, eût voulu vivre à l'Hôtel du Louvre où, bien certainement, Brummel fût descendu. C'est le temple de la civilisation la plus raffinée, mais c'est aussi la maison pratique, où le prix du temps est connu, où la valeur de l'argent est appréciée, où chacun trouve son logis d'élection, quand Paris l'attire par les exigences des affaires ou par les séductions du plaisir.

LES CUISINES DU GRAND HÔTEL DU LOUVRE.

www.ingramcontent.com/pod-product-compliance
Lightning Source LLC
LaVergne TN
LVHW012229170726
843503LV00005B/2346